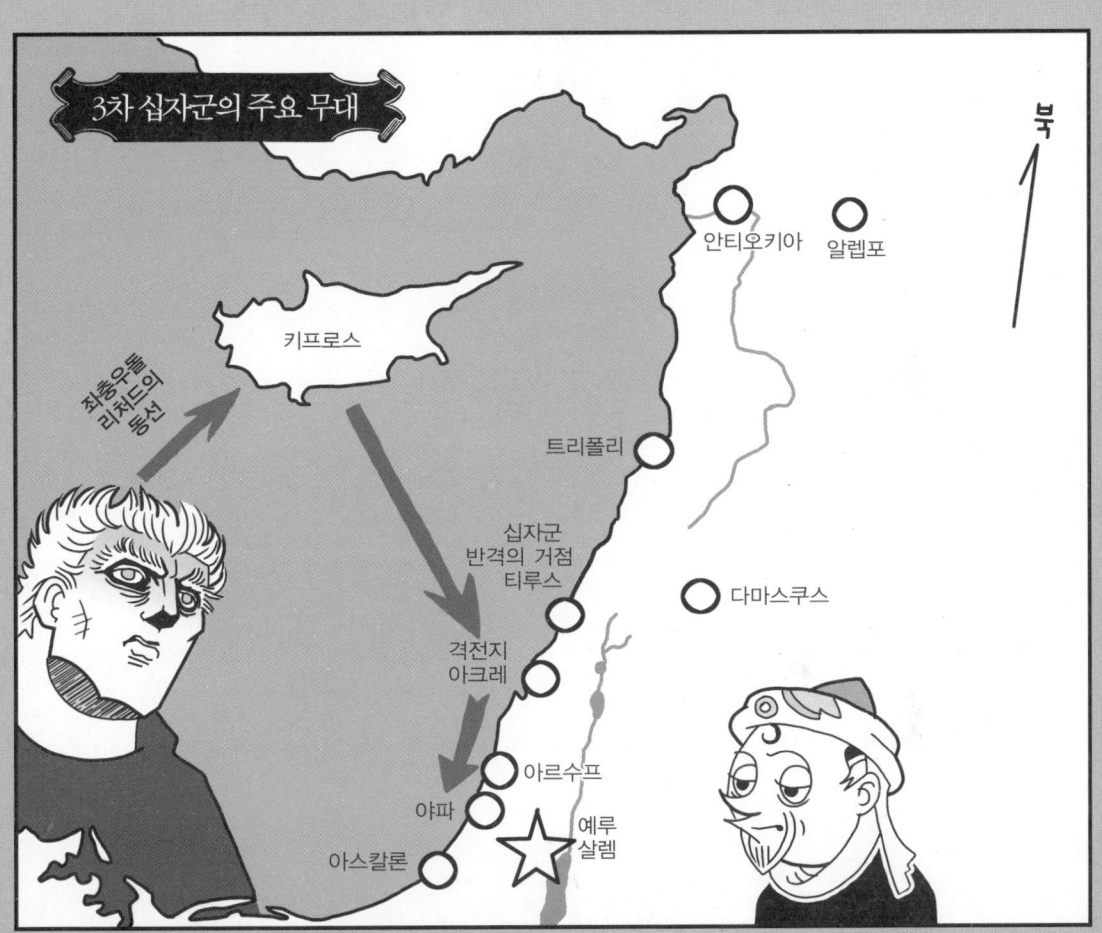

김태권의 십자군 이야기
Ricardus Rex "Cor Leonis"

사자심왕 리처드의 반격

김태권의 십자군 이야기
사자심왕 리처드의 반격

글·그림 | 김태권

초판 1쇄 인쇄일 2013년 7월 26일
초판 1쇄 발행일 2013년 8월 2일

발행인 | 한상준
기획 | 임병희, 박민지
편집 | 김민정
디자인 | 나윤영, 김경희, 김경년
마케팅 | 박신용
종이 | 화인페이퍼
출력 | 경운 출력
인쇄·제본 | 영신사

발행처 | 비아북(ViaBook Publisher)
출판등록 | 제313-2007-218호(2007년 11월 2일)
주소 | 서울시 마포구 연남동 567-40 2층
전화 | 02-334-6123 팩스 | 02-334-6126 전자우편 | crm@viabook.kr

ⓒ 김태권, 2013
ISBN 978-89-93642-50-6 07900
ISBN 978-89-93642-32-2 (세트)

• 이 책은 저작권법에 따라 보호받는 저작물이므로 무단 전재와 복제를 금합니다.
• 이 책의 전부 혹은 일부를 이용하려면 저작권자와 비아북의 동의를 받아야 합니다.
• 이 도서의 국립중앙도서관 출판시도서목록(CIP)은 e-CIP홈페이지(http://www.nl.go.kr/ecip)와
  국가자료공동목록시스템(http://www.nl.go.kr/kolisnet)에서 이용하실 수 있습니다. (CIP 제어번호 : CIP2013012347)
• 잘못된 책은 바꿔드립니다.

김태권의 십자군 이야기
Ricardus Rex "Cor Leonis"

5

사자심왕 리처드의 반격

ViaBook Publisher

빵빵한 지식, 뛰어난 유머! 지식만화의 새 지평을 열다

2003년 가을, 김태권 작가의 《십자군 이야기》를 읽고 추천사를 썼었다. 당시 슬쩍 본 것만으로도 흥미가 당겨 이번 단락만, 이번 이야기만 하다가, 이럴 수가! 그만 끝까지, 그것도 단숨에 봤던 기억이 생생하다. 그림도 간결한 것이 참신하고 특히 내용이 역사 공부를 여간 한 것이 아닌데, 그것을 잘 소화해내고 있을 뿐 아니라 오늘의 우리 현실을 같이 담아두어 정말 리얼하게 다가오면서도 심심하지 않도록 짭짤한 유머를 섞어놓아 손을 놓지 못하게 만드는 게 아닌가.
부끄러운 이야기지만 나는 십자군전쟁에 관해서 상세한 지식을 갖고 있지 못했다. 보통 상식으로 알고 있는 그런 수준이었다. 그런데 이 책을 읽고 내 자신이 이 부분에서 빵빵해지는 느낌을 받았다. 그것도 아주 짧은 시간에!
세상에 만화가 아니면 어떻게 이런 정보를 즐겁고 명료하게 얻을 수 있을까? 이것이 바로 만화의 힘이 아니던가! 물론 이렇게 쉽고 재미있게 전달하기까지는 저자의 각고의 노력과 공부, 그리고 첨예한 시대 의식과 뛰어난 유머 센스가 있었기에 가능한 것이리라.
이 만화는 재미있으면서도 수준이 있다. 많은 독자들이 이 만화를 보고 지식을 쌓고 시대를 통찰하는 즐거움을 만끽하리라 확신한다. 물론 내가 그랬고, 첫 권이 나올 때 고등학생이었던 내 아들에게도 유용한 교양서였기 때문이다. 2권까지 출간하고 절판이 되었다는 사실을 알고 아쉬웠는데 다시 새롭게 개정판을 출간한다니 오랜 지기를 만난 듯 몹시 반갑다.

박재동(만화가)

야만적 역사를 고발한다

《십자군 이야기》는 중세에 일어났던 어떤 야만적인 사건에 대한 고발이다. 십자가의 이름으로 행해진 침략 전쟁은 당시 지배층의 정치적 야욕, 기사계급의 물질적 욕구, 순진한 민중들의 헛된 기대가 한데 모여 일어난, 거대한 집단적 리비도의 폭발이었다. 중세 특유의 종교적 광신은 이 세속적 욕망의 분출을 더 격렬하고, 더 집요하게 만들었다. 이 책은 그 어처구니없는 역사의 한 페이지를 다시 우리의 '기억' 속에 불러들인다.

이게 단지 '기억'에 불과할까? 예나 지금이나 원래 전쟁을 할 성스런 '이유' 따위는 존재하지 않는다. 다만 전쟁을 할 세속적 '필요'가 있을 뿐이다. 그리하여 이 어처구니없는 역사가 지금 이 시대에 다시 한 번 반복되고 있다. 이라크 전쟁은 중세의 십자군전쟁을 닮았다. 특히 이 전쟁을 일으킨 자들의 사고방식은 중세 십자군들의 그것과 놀랍도록 유사하다. 이 책은 이렇게 역사의 기억을 조직하여 현재를 고발한다.

톡톡 튀는 작가의 위트와 함께, 이 책의 또 다른 매력을 이루는 것은 로마네스크 양식의 그림체다. 역사만담꾼 김태권은 중세인의 모습을 그들이 그리던 그 방식으로 묘사한다. 이로써 중세인들은 책 속에서 스스로 자신을 연출하게 된다. 역사 이야기를 다룬 수많은 그림책이나 만화책 들 중에서 유독 이 책에 내 눈이 머무는 것은, 형식을 그저 내용을 전달하는 도구로만 간주하지 않는, 작가의 이 세련된 양식적 감각 때문이리라.

진중권(문화평론가)

작가의 말

4권의 살라딘과 5권의 리처드

4권은 살라딘에 대한 책이고 5권은 리처드에 대한 책입니다. 두 사람은 역사의 라이벌로 자주 이야기되죠. 그러다 보니 살라딘을 다루는 책은 리처드도 다루고 리처드를 이야기하는 책은 살라딘도 이야기합니다. 그래서 4권과 5권은 참고문헌도 차이가 없고요. 그런데 실제 역사는 꼭 그렇지도 않았나 봐요. 많이들 실망하실지 모르지만, 살라딘과 리처드는 서로 직접 만난 적도 없대요. 리처드가 팔레스타인 땅에 1191년에 도착했다가 1192년에 떠나니까, 따져보면 전장에서 창칼을 마주한 것 역시 그리 오랫동안이 아닙니다. 살라딘은 주변의 무슬림 전사며 예루살렘왕국의 기독교 기사와 더 오래 싸웠고 리처드도 유럽 본토의 귀족들과 싸운 시간이 더 깁니다. 당시 3차 십자군의 우두머리가 리처드 한 사람인 것도 아닙니다. 그래도 우리 상상력을 사로잡는 건 리처드와 살라딘, 두 사람의 이야기입니다. 세상만사를 인간 대 인간, 아(我)와 비아(非我), 맞수끼리의 대립으로 파악하는 우리의 오랜 습관 때문이겠죠.

그러나 어쩔 수 없었어요. 박진감 넘치는 전쟁 이야기를 기대하신 독자님께는 죄송하지만, 살라딘과 리처드가 서로 싸우는 내용은 가볍게 다루고 넘어가려고요. ≪삼국지≫나 ≪열국지≫ 같은 전통 군담소설처럼 재미있게 꾸며볼까도 싶었지만 그건 원래 제가 하려던 이야기가 아니거든요. 그래서 이 만화 4권에서 살라딘은 무슬림들과 오랫동안 대립하고 5권의 리처드는 같은 기독교인들과 더 많이 싸웁니다. 실제로도 그랬고요. 기왕 말 나온 김에 '성전(聖戰)'이라는 개념도 다시 생각해보면 좋겠어요. 과연 전쟁의 원인이 종교가 다르기 때문인지, 종교나 사상이란 그저 폭력을 위한 핑계는 아닌지 말입니다.

이 만화를 그리는 동안 한국 사회가 변했습니다. 1권을 준비하던 때와 5권을 내놓을 때가 확실히 달라요. 제가 하고 싶은 이야기도 조금씩 달라졌고요. 옛날엔 우리 사회 바깥에서 일어나는 전쟁에 대해 관심이 많았습니다. 아프가니스탄 침공과 이라크 침공을 미화하는 의견에 맞서 반전과 평화를 주장했습니다. 요즘엔 우리 사회 안에서 이루어지는 일에 대해 관심이 많습니다. 이민자와 이주 노동자에 대한 편견 그리고 갖가지 차별에 맞서 관용과 공존을 이야기하고 싶어요. 관심의 초점이 바뀌었지요. 큰 줄기가 달라지지는 않은 것 같습니다. 다양한 사람이 공존할 수 있다면 평화도 찾아오지 않겠어요?

저 자신도 변했습니다. 처음 만화를 그리면서 저는 책으로 세상을 바꿀 수 있다고 생각했어요. 제가 읽은 책들에 그렇게 쓰여 있었으니까요. 지금은 사회가 그렇게 움직이지는 않는다는 걸 알게 됐어요. 물론 세상은 조금씩이나마 바뀝니다. 나아지지요. 그러나 생각만큼 크게 바뀌지는 않네요. 사람들이 어느 날 갑자기 하늘에서 쏟아지는 계몽 광선에 맞아 지난날의 어리석음을 한탄하고 새 역사 창조에 나선다는, 그런 아닌 밤에 홍두깨 같은 일은 없더라고요. 사실, 그런 일이 정말 일어나도 큰일이겠죠.

완간까지 한 권 남았습니다. 6권에서는 예루살렘을 둘러싼 전쟁의 역사를 정리하고 전혀 다른 이야기를 해볼까 합니다. 우리가 사는 현재에 이어지는 그런 이야기입니다. 언제나 작업을 도와주시는 김경희 작가님 가족과 비아북 출판사 가족들 그리고 정신 빼놓고 일하는 저를 챙겨주는 제 가족에게도 다시 감사를 드립니다. 무엇보다 5권까지 꾸준히 읽어주시는 독자님도 제게는 가족 같네요.

2013년 여름, 김태권

| 일러두기 |

처음 책이 나올 때 《아랍인의 눈으로 본 십자군 전쟁》(김미선 옮김, 이희수 감수)의 표기에 맞춰 외국어 발음을 우리말로 옮겼다. 그로부터 여러 해가 지나면서 외국어를 표기하는 관행도 조금씩 바뀌는 듯. 이 분위기를 반영하여 새롭게 표기 원칙을 잡아본다.

1. 서유럽 인물은 되도록 출신 지역 또는 활동한 지역을 확인하여 그 지역의 표기를 따르도록 노력했다 : 기사 라이날드→기사 르노. 단, 연대기 작가의 이름은 라틴어 표기를 살려 적었다 : 아헨의 알베르투스, 샤르트르의 풀케르
2. 로마 교황청에서 활동한 인물의 경우 이탈리아어 표기를 택할까 망설였지만, 아직 일반적이지는 않은 듯하여, 이전 책대로 라틴어 표기를 따랐다 : 우르바누스 교황, 마틸다 백작
3. 고대 그리스어 발음에 따라 표기하던 동로마 제국의 인명과 지명은, 중세 그리스어 발음을 살려 적었다 : 알렉세이오스 콤네노스→알렉시오스 콤니노스, 안나 콤네나→안나 콤니니, 도릴라이온→도릴레온
4. 고대 중근동의 인명 역시 현지어 표기로 변경할까 고민하였으나 전처럼 고대 그리스어 표기를 따랐다. 이 인물들이 헤로도토스의 《역사》를 통해 우리에게 익숙하기 때문이다. 단, 고대 그리스어 모음 '입실론'의 경우 초판에서 'ㅟ'로 쓰던 것을 요즘 표기 추세에 따라 'ㅣ'로 바꾸었다 : 퀴로스→키로스, 캄뷔세스→캄비세스
5. 투르크 인명은 터키어 표기 세칙이 없어서 국립국어원 외래어 표기 일반 원칙 및 터키어 용례를 따랐다 : 클르츠 아르슬란→킬리치 아르슬란
6. 아랍어 표기에서 자음 '까프(q)'는 'ㄲ'로 표기하였다 : 쿠란→꾸란. '꾸란'의 경우 성문파열음을 살려 '꾸르안'으로 적자는 의견도 있지만(정수일), 아직 일반적이지는 않은 듯하다.
7. 중복된 자음은 살려 표기하였다 : 무함마드, 압바스
8. 관행으로 굳은 인명과 지명은 이미 널리 통하는 발음에 따랐다 : 아사신, 누레딘, 살라딘

 김태권의 십자군 이야기 사자심왕 리처드의 반격

추천의 글 빵빵한 지식, 뛰어난 유머! 지식만화의 새 지평을 열다 ― 박재동 _ 4
야만적 역사를 고발한다 ― 진중권 _ 5
작가의 말 4권의 살라딘과 5권의 리처드 _ 6

들어가며 일신교는 편협하지 않다 _ 10
요나와 니네베 / 사마리아와 예루살렘 / 예수 운동과 사마리아
전통주의자를 위한 변명 / 바리사이 사람들과 예수 운동의 대화
사울 또는 바울로 / 그러나 관용은 어렵다

5 사자심왕 리처드의 반격
1장 리처드, 사자의 심장 _ 38
2장 '대관식'의 장 _ 94
3장 예루살렘의 장 _ 122
4장 아크레의 장 _ 172

고전 읽기 커트 보니것의 《제5도살장》을 읽다 _ 216

연표 _ 226
도움을 받은 책 _ 233

Ricardus Rex "Cor Leonis"

들어가며
───────────────────────
일신교는 편협하지 않다

요나와 니네베

불평 많은 요나, 투덜대는 예언자 요나.

오, 까칠하셔라. 내 스타일이야!

…사실은 속사정이 있다.

요나의 속사정!

니네베는 어떤 곳인가? 무시무시한 제국, 신(新)아시리아의 수도였다.

카스피해

니네베

지중해

사마리아
예루살렘

홍해

이스라엘 사람의 입장에서 아시리아는 원수의 나라.

크흑

예수 운동과 사마리아

서기 1세기 무렵 남쪽 유다 땅에서 여러 종교운동이 꽃을 피웠다.

물세례 합니다. —요한

그중 하나가 **예수 운동**.

특히 북쪽 **사마리아** 사람들에게 특이하리만치 개방적이었다.

파격 행보

예수 스스로 사마리아 여인과 스스럼없이 대화를 주고받았으며(요한복음 4장)

물 좀 주소!

어머,

당신은 유다인이고 저는 사마리아 여자인데 어떻게 저더러 물을 달라 하십니까?

— 요한복음 4 : 9

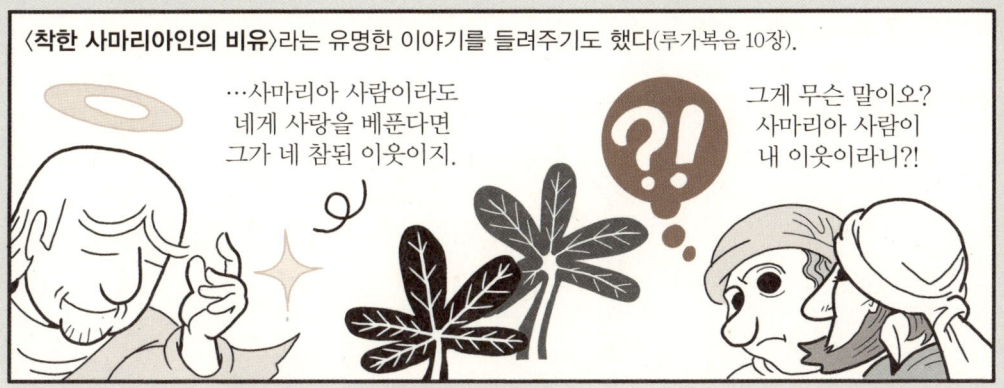

전통주의자를 위한 변명
: '할례'의 경우

바리사이 사람들과 예수 운동의 대화

당시 히브리 민중들의 존경을 받았다고 한다.

권력자와 외세에 목숨을 걸고 맞섰기 때문이다.

신앙의 자유를 다오!

예수 운동과 사이가 나쁜 것도 아니었다. 당장 〈신약성서〉만 보더라도…

예수의 주장에 공감하는 바리사이 사람도 있고
(요한복음 3장, 19장)

Νικόδημος
니코데모스
(니고데모)

바리사이 가운데도 큰 인물이었던 **가믈리엘**은, 예수 운동을 폭력으로 탄압하자는 강경파를 뜯어말렸다
(사도행전 5장).

무엇보다 눈길을 끄는 건 입장이 달라도 **대화**를 이어가던 양쪽의 자세가 아닐까요?

오늘날 일부 편협한 종교인들이 본받으면 좋겠네요.

사울 또는 바울로

Ricardus Rex "Cor Leonis"

5

사자심왕 리처드의 반격

십자군에 자원한 리처드, 1187   내전, 1173~1174 및 1189

  리처드의 대관식, 1189   유대인 학살, 1189~1190

  리처드의 결혼식, 1191   히틴 전투와 예루살렘 함락, 1187

  성지에 도착한 리처드, 1191   3차 십자군, 1189~1192

1장

리처드, 사자의 심장

그래? 그렇다면 당신과는 전쟁이군. …아버지.

본문 48쪽

※《세인트 올번스 시편(St. Albans Psalter)》, 12세기 세인트 올번스 수도원, 힐데스하임의 성 고트하르트 성당 소장.

※《프랑스 대연대기(Grandes Chroniques de France)》, BNF Français 2813, 14세기 후반, 프랑스 국립도서관 소장.

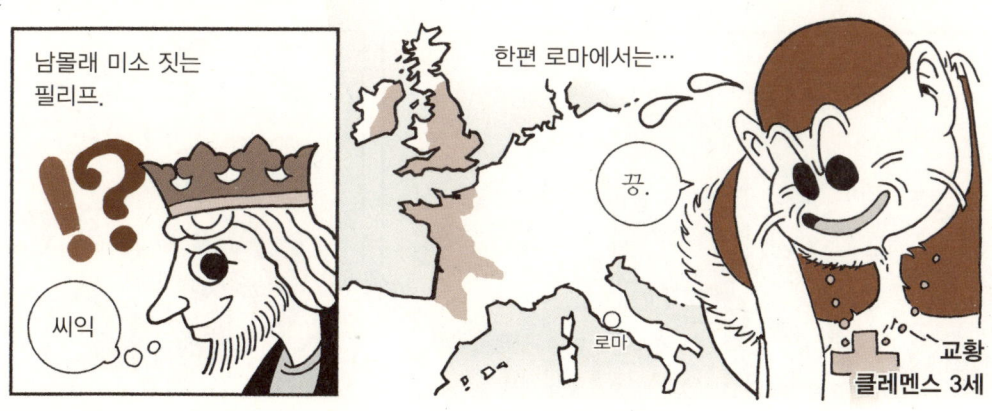

※《카노사의 마틸다의 생애(Vita der Mathilde von Canossa)》, Vat. lat. 4922, 1115년, 바티칸 도서관 소장.

※《성왕 루이 시편(Psautier de SaintLouis)》, BNF Latin 10525, 13세기 후반 프랑스, 프랑스국립도서관 소장.

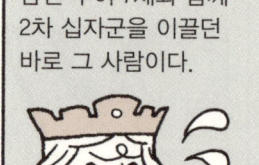

※《매튜 파리스의 영국의 역사(Historia Anglorum)》, MS Royal 14 C VII, 1253년경, 대영도서관 소장.

1154년 헨리가 잉글랜드의 왕좌를 차지하자

이 잘난 부부의 자산이 프랑스 왕국을 능가한다.

여러 가지로 불쌍한 루이였다.

아, 예.

처음에는 금슬도 괜찮았다고 한다. 아들딸을 많이 낳았다.

여덟 아이를 출산.

그러나 엘레오노르는 **야심**이 너무 컸고

헨리는 **여심**을 너무 몰랐다.

나처럼 훌륭한 사나이는 더 많은 여인에게 행복을 나눠줘야 한다!

공익을 위해 가정을 희생해야겠군!

아유, 남자들이란!

우악스러운 너희 남자들은 우리 **여성**에게 **잘하는 법**을 배워야 해.

…좋아. 미련한 남정네들도 알아들을 수 있도록 시와 노래로 일깨워주지!

※《코덱스 마네세(Codex Manesse)》, 14세기 초 취리히, 독일 하이델베르크의 팔라티나 도서관 소장.

음유시인을 후원한 엘레오노르

헨리와 엘레오노르는 금슬 좋은 부부가 아니었다. 엘레오노르는 1167년 말에 헨리의 곁을 떠나 자기 영지에 틀어박힌다. 몇 년 동안 프와티에 성에 머물며 음유시인 트루바두르들을 모아 기사의 사랑과 모험 이야기를 짓도록 후원했다. 엘레오노르 자신이 트루바두르의 후손이기도 하다. 그녀의 할아버지는 아키텐 공작 기욤 9세(1086년~1126년). 잘나가던 귀족이면서 시도 지었다. 《김태권의 십자군 이야기》 2권에 나오는 '1101년 십자군'을 이끈 리더 중 하나였고, 1120년~1123년에는 코르도바 전투에도 참전했다. 무엇보다도 원조 트루바두르로서 여러 작품을 남겼다. 기욤 9세 역시 결혼 생활은 불행했다고 하니, 얄궂은 일이다.

※《헌터 시편(Hunterian Psalter)》, Sp Coll MS Hunter U.3.2(229), 1170년경 잉글랜드, 영국의 글래스고 대학교 도서관 소장.

쩝.

엘레오노르를 체포했다! 프랑스 루이 임금도 손을 곧 떼게 될 거야.

아들들아, 너희도 빨리 항복해라!

왕자들은 승산이 없었다! 18개월을 더 버텨보다가 결국 아버지 헨리 2세 앞에 엎드려 싹싹 빌었다.

쩝.

엘레오노르 왕비는 16년이나 남편의 포로로 갇혀 살아야 했다(1173년~1189년).

런던

파리

아키텐

그러나 엘레오노르가 가지고 있던 부유한 아키텐 땅은 두고두고 분란의 씨앗이었다.

※《윈체스터 시편(Winchester Psalter)》, BL Cotton MS Nero C. iv, 12세기경 잉글랜드, 대영도서관 소장.

※《모건 성서(Maciejowski Bible 또는 Morgan Bible)》, Morgan M 638, 13세기 중반 파리, 뉴욕의 모건 도서관 소장.

※《매튜 파리스의 대연대기(Chronica Majora)》, CCC MS 26

영화 속의 헨리와 리처드

높으신 분들 집안의 뒷이야기는 호기심을 자극한다. 막장 스토리일수록 더욱 그러하다. 헨리 2세 집안의 갈등은 두고두고 이야깃거리였다. 최근까지도 주요 사극의 소재가 된다. 1968년에 영화화된 작품이 유명하다. 〈겨울의 라이언(The Lion in Winter)〉. 초호화 배역진이다. 피터 오툴(헨리 2세), 캐서린 헵번(엘레오노르), 앤터니 홉킨스(리처드), 티머시 돌턴(필리프 2세) 등 쟁쟁한 배우들이 연기 대결을 펼쳤다. 아카데미상 3개 부문을 수상하였고 7개 부문에 노미네이트된 바 있다. 국내에서 DVD로 출시된 일이 있으니 고전 영화 좋아하시는 분은 찾아보시면 좋을 듯.

※《윈체스터 성서(Winchester Bible)》, Morgan M 619, 12세기 후반 잉글랜드, 윈체스터 대성당 도서관과 뉴욕의 모건 도서관 소장.

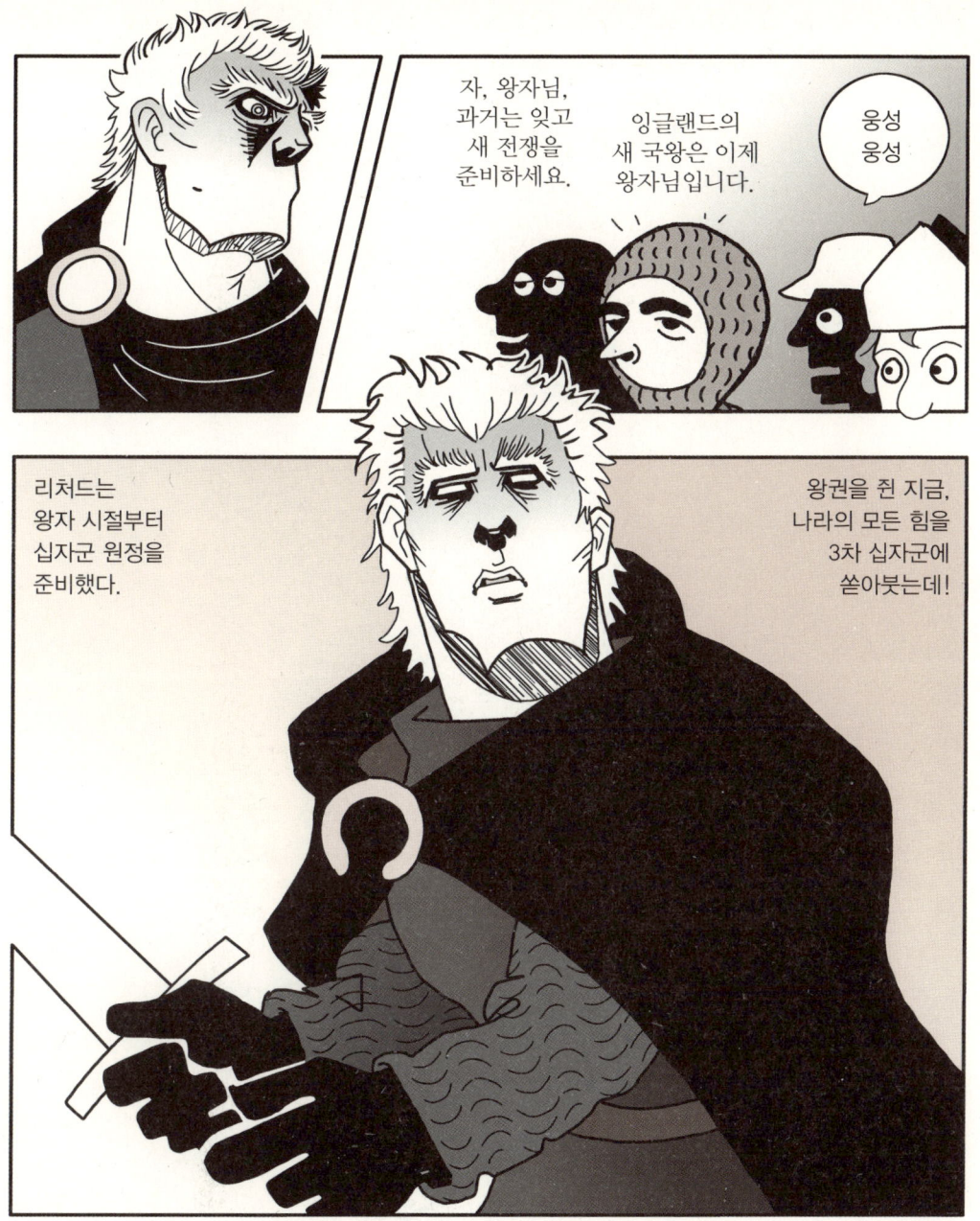

십자군에 자원한 리처드, 1187   내전, 1173~1174 및 1189

리처드의 대관식, 1189   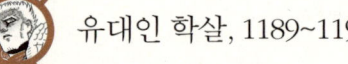   **유대인 학살, 1189~1190**

리처드의 결혼식, 1191   히틴 전투와 예루살렘 함락, 1187

성지에 도착한 리처드, 1191   3차 십자군, 1189~1192

2장

'대관식'의 장

저들의 손에 우리 다 죽게 되나요?

본문 118쪽

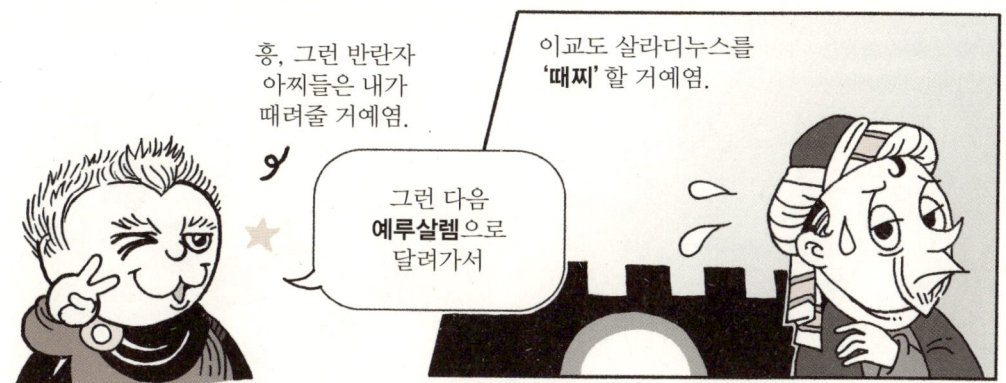

※《모건 성서(Maciejowski Bible 또는 Morgan Bible)》, Morgan M 638

※《윈체스터 시편(Winchester Psalter)》, BL Cotton MS Nero C. iv

어째서 새의 머리를 그렸나

중세 유대인을 새의 머리를 지닌 모습으로 그렸다. 비하의 의도는 결코 없다. 당시 유대인이 직접 그린 수사본 그림을 본뜬 것이다. 이들은 자기 종족을 새 머리로 그렸다. 왜 그랬을까? 유대교의 십계명에 그 해답이 있다고 한다. 제2계명인 '우상숭배를 하지 말라.'와 관련이 있다. 한데 어느 선까지 우상으로 봐야 할까? 사람의 형상을 그리기만 해도 우상이 될 수 있다는 강경한 해석이 우세했다. (유대교인뿐 아니라 적지 않은 무슬림들 역시 그렇게 생각한다. 예언자 무함마드를 함부로 그리면 싫어하는 이유다.) 그래서 사람을 그리며 얼굴을 비워놓기도 하고, 이렇게 새나 짐승의 얼굴을 그려넣기도 했다. 이것이 〈새머리 하가다〉의 기원이다.

…정작 **왕**은 짜증이 났다. **왕**짜증!

※《티루스의 기욤이 쓴 연대기(Histoire d'Outremer)》, Yates Thompson 12, 13세기 중반 북부 프랑스, 대영도서관 소장.

…전쟁 분위기가 모락모락, 후끈후끈!

이교도를 죽이는 일에서 삶의 보람을 느끼는 이상한 분위기가 되었다.

'내부의 적'으로 지목될까 걱정하던 유대인들은 불안불안, 전전긍긍.

아아, 이것 또 피바람 한번 부는 거 아냐? …큰일이네.

런던 학살에서 겨우 살아 돌아온 베네딕트. 그러나 부상으로 죽어가고 있었다.

※《성서》, Boulogne-sur-Mer BM MS 06, 13세기 전반 프랑스, 불로뉴쉬르메르 시립도서관 소장.

십자군에 자원한 리처드, 1187   내전, 1173~1174 및 1189

리처드의 대관식, 1189   유대인 학살, 1189~1190

리처드의 결혼식, 1191 히틴 전투와 예루살렘 함락, 1187

성지에 도착한 리처드, 1191   3차 십자군, 1189~1192

3장

예루살렘의 장

예루살렘 왕국은 절체절명의 위기였지요. 왜냐하면…
본문 146쪽

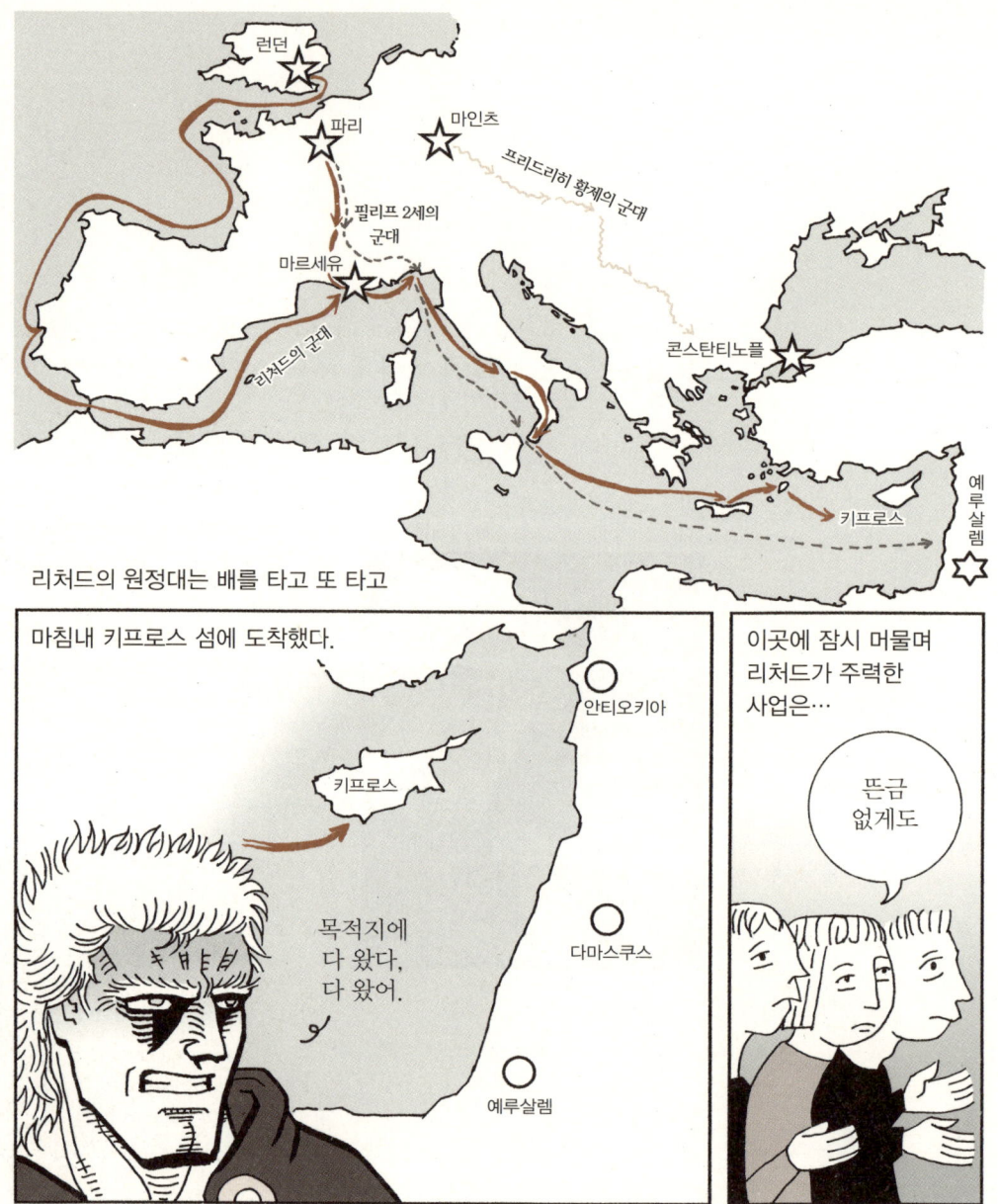

※《성서》, Chambéry BM MS 35, 13세기 초반, 샹베리 시립도서관 소장.

※《성서》, Lyon BM MS 424, 13세기 프랑스, 리옹 시립도서관 소장.

※ 《마인츠 복음서(Mainz Gospels)》 또는 《황금의 책(Codex Aureus)》, Aschaffenburg Hofbibliothek MS 13, 13세기 중반 마인츠, 아샤펜부르크 도서관 소장.

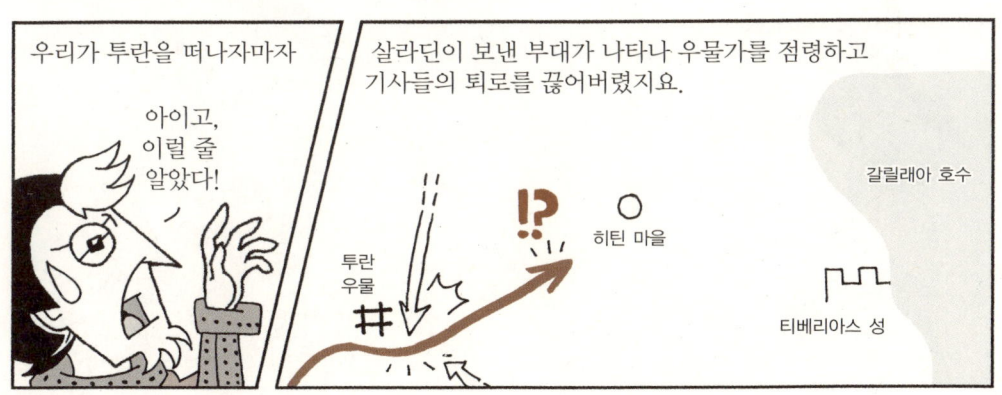

※《팔나마(Falnamah, 예언의 책)》, Rogers Fund, 1935(35.64.3), 16세기 이란, 메트로폴리탄 미술관 소장.

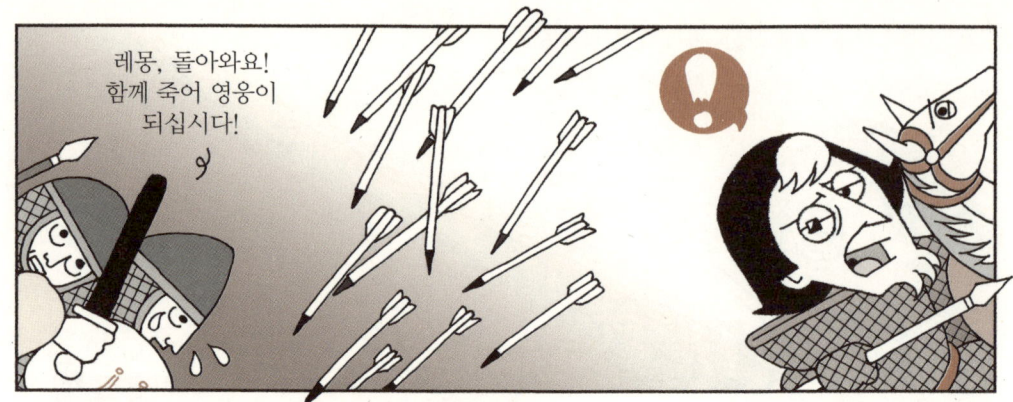

※〈히틴 전투 직후의 살라딘과 기〉, Said Tahsine(시리아, 1904~1985) 作, 1954

**히틴 전투,
알 아프달의 회고**

살라딘의 아들 알 아프달은 히틴 전투의 마지막 장면을 생생하게 회고한다 : 프랑크족의 임금(기 왕)은 언덕 위에 있었다. … (살라딘의 독려를 받고) 무슬림 군대는 언덕을 올라갔다. "우리가 이겼어요!" 나는 소리쳤다. 그러나 프랑크족은 다시 돌격했고 무슬림 군은 아까처럼 물러났다. 아버지(살라딘)가 독려하자 무슬림 군이 적을 다시 언덕 위로 밀어붙였다. "우리가 이겼어요!" 나는 다시 소리쳤다. 아버지는 꾸짖었다. "조용히 해라! 저 (왕의) 텐트가 쓰러지기 전에는 아직 이긴 것이 아니야." 그 말이 떨어지기 무섭게 그 군막이 넘어졌다. 술탄(살라딘)은 말에서 내려 신께 감사를 드리고 기쁨에 겨워 울기 시작했다.

※《말 타기와 군사 훈련 편람》, BL Additional MS 18866, 14세기 후반 시리아 또는 이집트, 대영도서관 소장.

※《코펜하겐 시편(Copenhagen Psalter)》, MS. Thott 143 2°, 12세기 후반 영국, 덴마크 왕립도서관 소장.

영화 속의 발리앙	이블린의 발리앙. 마지막까지 예루살렘 수비대를 이끌었다. 2005년에 나온 영화 〈킹덤 오브 헤븐(Kingdom of Heaven)〉의 주인공이다. 영화 속 올랜도 블룸은 젊은 꽃미남이지만 역사 속 발리앙은 예루살렘 함락 당시 40대 중반이었다. 예루살렘 여왕 시빌라(영화에서는 에바 그린이 연기)와 사랑에 빠진 일도 없다고 한다. 시빌라가 발리앙의 형을 좋아했다는 소문은 있다. 정작 발리앙 본인은 마리아 콤니니와 결혼한 상태. 마리아 콤니니가 누구냐고? 아말릭 1세가 상처하자 예루살렘에 새 왕비로 왔다가 이후 발리앙과 재혼한 동로마제국의 황족이다. 그런데 시빌라의 아버지가 바로 아말릭. 발리앙한테 시빌라는 부인의 전남편의 딸이었다. 연애 감정이 싹텄을 것 같지는 않다.

※《말 타기와 군사 훈련 편람》, BL Additional MS 18866

※《성서》, Avranches BM MS 02, 13세기 초 프랑스, 아브랑슈 시립도서관 소장.

※《해독제에 관한 책(Kitâb al-Diryâq)》, BNF MSS Arabe 2964, 12세기 말 이란 또는 북부 메소포타미아, 프랑스 국립도서관 소장.

예루살렘이 처음 이슬람 세력에 넘어온 것은 637년 무렵!

칼리파 **우마르**는 기독교계 주민들에게 관대했고

쫓겨났던 유대 사람들도 다시 예루살렘에서 살게 했습니다.

기독교 성지를 둘러보던 중 기도 시간이 되자, 우마르는 일부러 기독교 교회 밖으로 나가 양탄자를 깔고 기도를 올렸습니다. "만일 내가 이 자리에 양탄자를 깔면 우마르가 이곳을 빼앗았다고 소문이 나서 우리 쪽 사람들이 함부로 몰려올지도 모르잖소."

다른 신앙을 가진 사람을 살갑게 배려한 태도였지요.

관용과 존중!

그러나 400여 년이 지나 1099년…

※《성모찬가(Cantigas de Santa Maria)》, Escorial MS T.I.1, 13세기 후반, 스페인의 에스코리알 왕립도서관 소장.

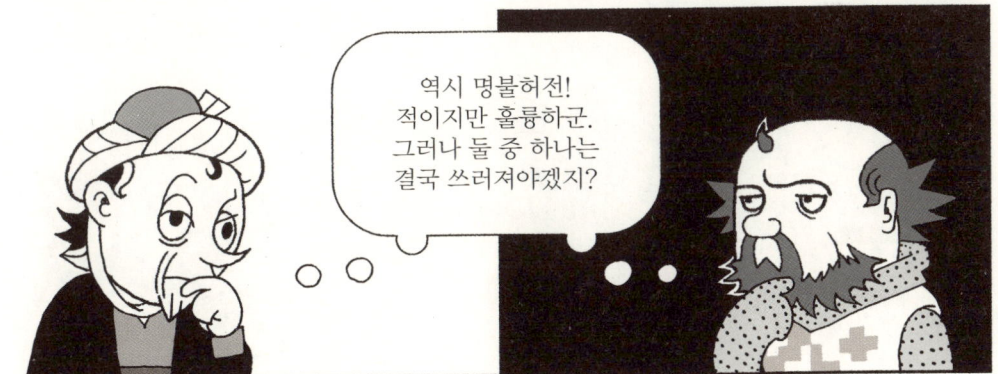

※《팔나마(Falnamah, 예언의 책)》, Chester Beatty Library MS Per 395, 더블린의 체스터 비티 도서관 소장.

우리는 어린이와 노약자를 우리 손으로 죽인 다음, 온통 불을 질러 도시를 파괴할 것이며, 마지막 한 사람이 죽을 때까지 당신네를 하나라도 더 죽이고 죽겠습니다.

이래 죽으나 저래 죽으나, 에라이~.

아니, 그건 아니 될 말.

…협상 합시다!

이렇게 하여 협상이 타결됐습니다.

쳇.

다행!

관례에 따라 주민들은 포로가 된 것으로 간주, 몸값을 지불하고 풀려나기로 했지요.

휴….

※《카를스루에 컬렉션》, BLB Karlsruhe 410, 13세기 독일, 바덴 주립도서관 소장.

※《에흐테르나흐 황금의 책(Codex Aureus von Echternach)》, Germanisches Nationalmuseum, Hs 156142, 11세기 룩셈부르크의 에흐테르나흐 수도원, 뉘른베르크의 게르만 국립박물관 소장.

※《티루스의 기욤이 쓴 연대기(Histoire d'Outremer)》, Yates Thompson 12

※《에흐테르나흐 황금의 책(Codex Aureus von Echternach)》, Germanisches Nationalmuseum, Hs 156142

키프로스를 빼앗긴 이사키오스

풍운아 이사키오스 콤니노스(1155년경~1195년경)는 동로마제국의 신하였으나 속임수로 키프로스의 지배자가 됐다. 그를 잡아들이려고 1185년 콘스탄티노플의 중앙 정부가 군대를 보냈으나 그는 지중해 해적과 손잡고 이를 물리쳤다. 1191년에는 나바르 왕국 베렝가리아 공주의 배가 키프로스에 난파하자 승무원들을 억류했다. 실수였다. 그녀는 리처드와의 결혼식을 치르러 가던 길이었다. 리처드가 이런 모욕을 참을 리 있나. 군대를 이끌고 보복에 나섰다. 항복과 항전 사이를 갈팡질팡하던 이사키오스는 리처드의 적수가 되지 못했다. 리처드는 키프로스를 점령하고 자기편 사람이 다스리도록 했다. 이것이 키프로스 왕국의 기원이다.

※《요안니스 스킬리체스의 연대기(Madrid Skylitzes)》, BNE MS Graecus Vitr. 26-2, 12~13세기 시실리, 에스파냐 국립도서관 소장.

3장 | 예루살렘의 장 † 165

※《프랑스 대연대기(Grandes Chroniques de France)》, BNF Français 2813

기의 흉을 보느라 자기 소개도 잊은 채 등장한 이 사나이!

예루살렘의 **기**, 그 양반은 정말 **기**도 안 차는 인물입니다!

욕심은 어찌나 많은지, 예루살렘의 시빌라 공주를 부인으로 얻었는데

기의 그릇을 알아본 소년 왕 보두앵 4세 임금께선 두 사람을 **이혼**시켰지요.

기에게 왕권이 넘어가서는 아니 되네!

이 결혼, 난 반댈쎄.

그런데 아뿔싸, 그게 **위장이혼**이었을 줄이야!

여러분, 속으셨죠? 이제 내가 왕이오.

결국 그토록 바라던 옥좌에 앉았지만

...

※〈코라도 후작의 상상 초상화〉, 프랑수아-에두아르 피코 作, 베르사유 궁전 소장.

※《성모찬가(Cantigas de Santa Maria)》, Escorial MS T.I.1

십자군에 자원한 리처드, 1187　　내전, 1173~1174 및 1189

　　　　리처드의 대관식, 1189　　유대인 학살, 1189~1190

　　　리처드의 결혼식, 1191　　히틴 전투와 예루살렘 함락, 1187

성지에 도착한 리처드, 1191　　3차 십자군, 1189~1192

4장

아크레의 장

서유럽 최강의 세 군주가 이끄는 제3차 십자군이…

본문 191쪽

※《알 하리리의 마까마트(Maqāmāt of al-Hariri)》, BNF Arabe 6094, 13세기 초 시리아 또는 북부 메소포타미아, 프랑스 국립도서관 소장.

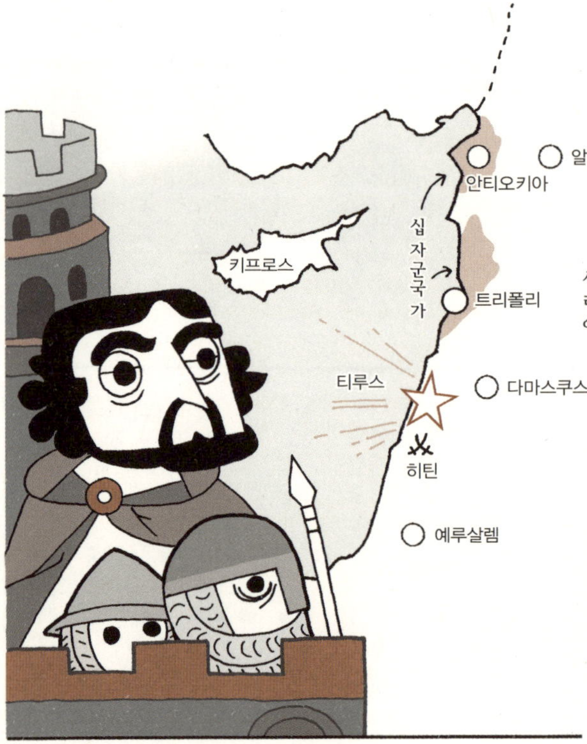

1187년 11월, 티루스 공방전이 다시 시작됐습니다. 우리 기사들은 **독하게** 저항했어요.

※《모건 성서(Maciejowski Bible 또는 Morgan Bible)》, Morgan M 638

※《보롱의 아서 왕 이야기(Arthurian Romances)》, Beinecke MS 227, 14세기 중반 프랑스, 예일 대학교 바이네케 도서관 소장.

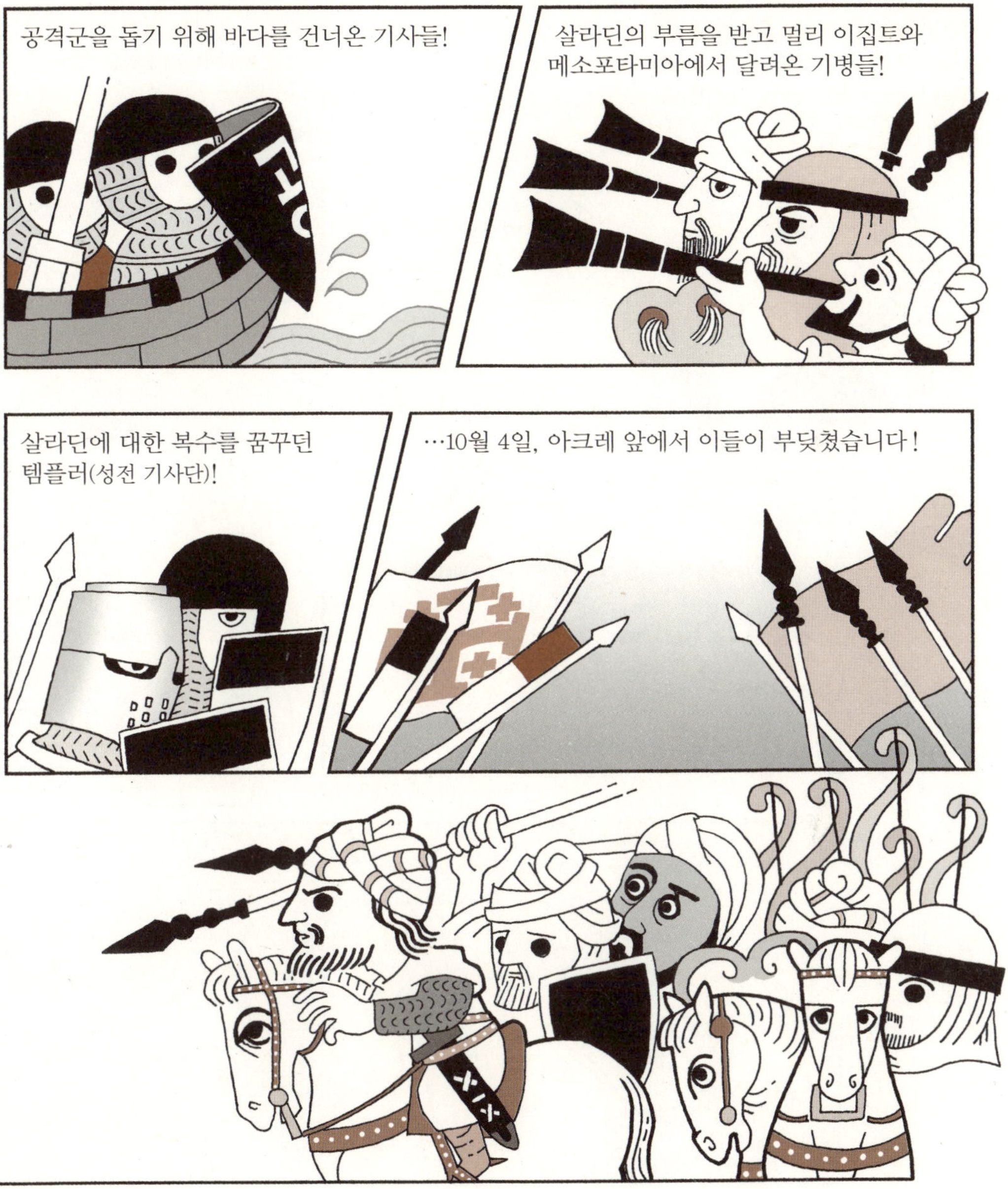

※《작센의 세계 연대기(Sächsische Weltchronik)》, Landesbibliothek Gotha Ms. Memb. I 90, 13세기 초, 독일의 고타 지방도서관 소장.

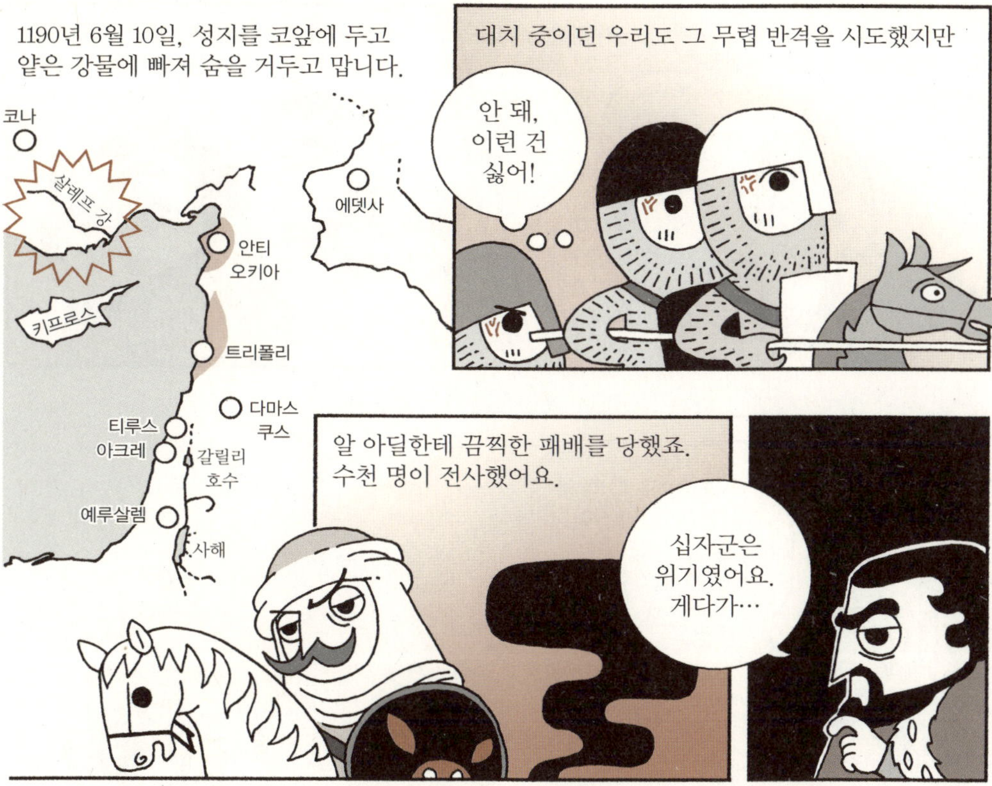

1190년 6월 10일, 성지를 코앞에 두고 얕은 강물에 빠져 숨을 거두고 맙니다.

대치 중이던 우리도 그 무렵 반격을 시도했지만

안 돼, 이런 건 싫어!

알 아딜한테 끔찍한 패배를 당했죠. 수천 명이 전사했어요.

십자군은 위기였어요. 게다가…

바르바로사 황제의 죽음

신성로마제국 황제 프리드리히 1세(1122년~1190년)는 '붉은 수염'으로 유명했다(이탈리아 말로 바르바(barba)는 수염, 로사(rossa)는 붉다는 뜻). 황제가 되기 전 삼촌 콘라트를 따라 2차 십자군에 참전했고, 교황과 힘겨루기를 하며 여섯 번이나 이탈리아 원정에 나섰다. 3차 십자군에 나섰다가 세상을 떠난다. (2차 대전 때 소련 침공을 독일군은 바르바로사 작전이라고 불렀다. 왜 실패한 원정을 이름에 붙였을까? 결국 소련군한테 참패했다.) 유럽을 주름잡던 전사가 얕은 강에서 숨진 일은 두고두고 이야깃거리가 됐다. 움베르토 에코의 소설 《바우돌리노》 역시 바르바로사의 죽음에 관한 미스터리를 다루고 있다.

※《요안니스 스킬리체스의 연대기(Madrid Skylitzes)》, BNE MS Graecus Vitr. 26-2

4장 | 아크레의 장 199

※《티루스의 기욤이 쓴 연대기(Histoire d'Outremer)》, BNF Français 22495, 14세기 중반 파리, 프랑스 국립도서관 소장.

…한 방 쏴서 열두 명을 저승으로 보냈다는, 리처드의 괴물 투석기가 투입되었다.

※《시칠리아 사태에 관한 책(Carmen de motibus Siculis)》, Burgerbibliothek Bern, Codex 120 II

※ 《아서 왕 이야기(Arthurian Romance)》, Beinecke MS 229, 13세기 말경 프랑스, 예일 대학교 바이네케 도서관 소장.

리처드와 필리프는 어떤 사이

리처드 1세와 필리프 2세. 둘 사이가 범상치 않았다는 정황이 있다. 같은 침대에서 잤다는 기록이 있다. 리처드가 동성애 성향이었다고 한다. 리처드와 부인 사이에는 아이가 없다. 성적 정체성 문제로 고민한 흔적도 엿보인다. 그러나 반론도 만만치 않다. 필리프는 결혼도 몇 번 했고 자식도 많았다. 리처드 역시 사생아가 있었다. 리처드가 양성애 성향일 순 있겠지만, 그 상대가 필리프라는 증거는 없다. 군주 둘이서 한 침대에 자는 건 친분을 과시하는 정치적 제스처였다고 한다. 이를 둘러싼 논쟁이 있었지만 답을 얻지 못했다. 두 사람 사이에 과연 어떤 일이 있었는지 궁금하지만 앞으로도 답은 나오지 않을 것이다.

※ 〈생 드니 연대기(Chroniques de France ou de St Denis)〉, BL MS Royal 16 G vi, 14세기 전반, 대영도서관 소장.

※〈성 루이의 성수반(Baptistère de Saint Louis)〉, 무함마드 이븐 알 자인 作, 14세기 시리아 또는 이집트, 프랑스 루브르 박물관 소장.

리처드는 싸웠다. 큰 칼을 뽑아 싸웠다. 쇠뇌를 쏘며 싸웠다. 데인 도끼를 휘둘러 싸웠다.

※《모건 성서(Maciejowski Bible 또는 Morgan Bible)》, Morgan M 638

※《라스 우엘가스 묵시록(Huelgas Apocalypse)》, Morgan Library M 429

6권에 계속….

Ricardus Rex "Cor Leonis"

고전 읽기

커트 보니것의 《제5도살장》을 읽다

외계인에 납치된 주인공

얼핏 황당해 보이는 소설이지만,
심각한 주제들을 많이 다뤄요 :

인간은 과연 자유로운가

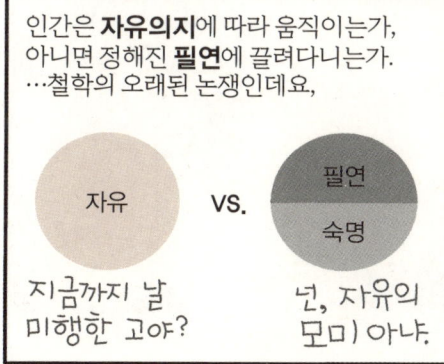

전쟁은 피할 수 있나

빌리는 자주 시간 여행을 합니다. 과거와 현재를 넘나들지만 아무것도 바꾸지 못합니다.

외계인들은 미래란 정해져 있고 바꿀 수 없다고 말하죠.

작가 보니것의 **비관주의**가 무섭네요.

덜덜

이 소설이 출판된 1969년, **베트남전쟁** 개입을 놓고 미국 사회는 찬성과 반대로 나뉘어 싸웠어요.

소시민 빌리는 베트남에 폭격하던 당시 미국 정부를 지지합니다.

드레스덴 폭격의 생존자인데 말이죠.

어제 폭력에 고통받던 이들이 오늘의 폭력을 지지하는 상황.

…전쟁의 악순환을 피하기란 얼마나 어려운가요.

아물지 않는 전쟁의 상처

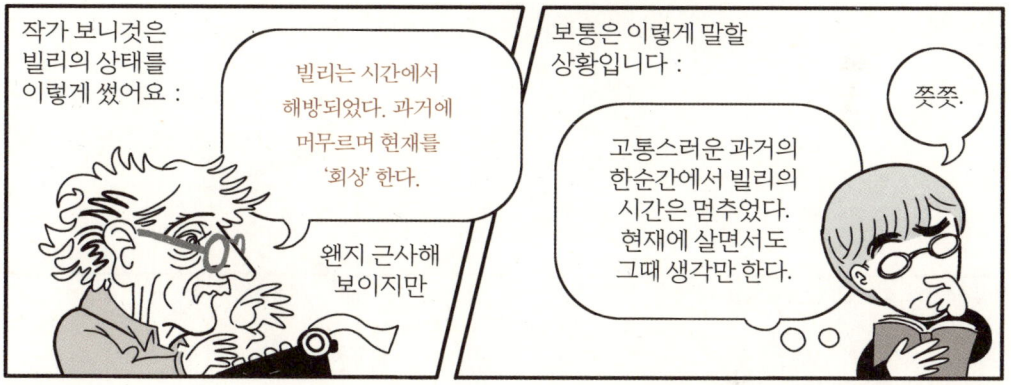

연표

김태권의 십자군 이야기 ①

1095년 11월 27일   교황 우르바누스 2세가 원정 계획을 발표하다.

1096년   유럽 각지에서 군중십자군이 일어나다. 이후 천 년간 계속될 서유럽 유대인 학살의 역사가 여기에서 시작한다. 은자 피에르가 이끄는 군중십자군이 니케아 근교에서 전멸.

김태권의 십자군 이야기 ②

1097년   1차 십자군의 대규모 침공. 니케아의 함락. 도릴레온에서의 결전. 안티오키아 포위.

1098년   에뎃사에 백작령 설치. 알렉시오스 1세와의 협약이 깨어지다. 안티오키아와 마라트안누만의 학살. 보에몽이 안티오키아를 무단으로 점거하고 공국을 설치하다.

1099년 6월 15일   예루살렘 함락과 대학살.

1100년   예루살렘의 권력을 둘러싼 음모와 암투. 예루살렘 왕국의 성립.

1101년   서유럽에서 온 1101년의 십자군이 전멸당하다. 이제 십자군은 소수의 병력으로 방어를 펼쳐야 한다.

1104년	하란 전투에서 무슬림의 승리. 보에몽의 몰락.
1107~8년	기상천외한 방법으로 탈출에 성공한 보에몽은 서유럽에서 새로운 군대를 조직하여 동방 비잔틴 제국을 침공한다. 두라초 공방전.

김태권의 십자군 이야기 3

1109년	트리폴리 함락. 이로써 4개의 프랑크 식민국가가 형성된다 : 에뎃사 백작령(1097), 안티오키아 공국(1097), 예루살렘 왕국(1100), 트리폴리 백작령(1109).
1111년	바그다드에서의 대규모 시위. 민중은 십자군에 대한 반격을 요구한다.
1118년	템플러(성전 기사단)의 창립.
1119년 7월 28일	아제르 상귀니스(피의 들판) 전투. 안티오키아의 7천 기사가 전멸하다.
1125~6년	십자군에 대한 반격을 주도하던 이슬람 지도자들이 암살단 아사신에 의해 암살. 서방의 중동 지배가 기정사실로 보인다.
1127~8년	이슬람 지도자 장기, 모술과 알렙포를 장악하여 강력한 세력을 형성. 중동에 있던 십자군 식민국가에 큰 위협이 된다.

1130년	안티오키아의 알릭스 공주, 장기와 동맹을 맺고, 아버지 보두앵 2세에 대항하는 반란을 일으키다.
1131년	멜리장드 공주와 위그 드 퓌세의 염문설. 풀크는 예루살렘의 권력을 독점하려 든다. 예루살렘 왕국의 혼란과 위그의 죽음.
1132년	무슬림끼리의 내분에 휘말린 장기는 전투에 패하고 궁지에 몰리지만, 티크리트에서 아이유브와 시르쿠 형제의 도움으로 목숨을 구하다. 아이유브 가문이 역사의 무대에 등장하다.
1135년	다마스쿠스에서 주무르드 공주의 쿠데타. 자신의 아들을 살해하다.
1137~8년	프랑크 국가들과 동방 비잔틴 제국이 동맹을 맺고 샤이자르를 공격한다. 장기는 정치적, 군사적 수완을 발휘하여, 공격군을 물리치고 동맹을 와해시킨다.
1140년	다마스쿠스와 예루살렘 왕국의 동맹.
1144년	장기에 의한 에뎃사 백작령 국가(1097~1144)의 멸망. 십자군이 세운 가장 오래된 식민지가 무너지다.
1144~6년	이슬람에 대한 반격을 주장하며 제2차 십자군의 여론이 형성되다. 성 베르나르두스의 설교.
1145년	사제왕 요한(프레스터 존)에 대한 소문이 서유럽 세계에 널리 퍼지다. 프

	레스터 존 전설에 따르면 멀리 동아시아(중국)의 기독교 군주인 사제왕 요한이 십자군을 돕기 위해 대규모의 병력을 이끌고 무슬림을 협공하러 오고 있다는 것이다.
1146년	2차 십자군의 침공을 앞둔 시점에서 장기가 어처구니없는 죽음을 맞는다. 그 아들 누레딘(누르 앗 딘)의 권력 승계. 서유럽에서는 엘레오노르 왕비가 문화 부대를 이끌고 2차 십자군에 참전한다.

김태권의 십자군 이야기 4

1152년	엘레오노르가 남편 루이 7세를 내치고 영국의 헨리 2세와 재혼한다. 훗날 백년전쟁의 씨앗이 된다.
1154년	누레딘, 다마스쿠스를 접수. 서방을 위협하는 강력한 세력을 형성.
1163년	쿠르드 전사 아이유브의 아들인 살라딘(살라흐 앗 딘)이 그의 숙부 시르쿠와 함께 누레딘의 명을 받아 이집트에 파견.
1174년	갈등을 빚던 주군 누레딘의 사망으로, 살라딘은 독자적 세력을 확장한다. 이후 1186년까지 이집트와 시리아 전역을 통일하여 서방 세력을 압도하는 무슬림 국가를 형성.
1187년	하틴 전투에서 살라딘의 승리. 예루살렘 왕국(1100~1187) 멸망.

김태권의 십자군 이야기 ⑤

1189년   예루살렘을 재정복하기 위한 3차 십자군. 그러나 바르바로사(붉은 수염)라는 별명을 가진 독일 황제 프리드리히 1세가 어이없이 사망하여 전력에 타격을 입는다.

1191년   아크레 전투. 엘레오노르가 헨리 2세와 재혼하여 낳은 아들인 사자심왕 리처드가 맹활약한다.

1192년   십자군 지휘부의 내분. 살라딘, 십자군과 화평조약.

1193년   살라딘 사망(55세). 아이유브 술탄국은 권력 승계를 둘러싼 내전으로 혼란.

1194년   사자심왕 리처드가 영국에 귀환하여 동생 존이 빼앗은 왕위를 되찾는다.

김태권의 십자군 이야기 ⑥

1204년   4차 십자군의 탈선. 4차 십자군은 베네치아와 결탁하여 콘스탄티노플을 함락, 약탈하고 서방의 괴뢰국가를 건설한다.

1209년   알비 십자군이 결성되어 시몬 드 몽포르의 지휘로 서유럽 내에서의 이단 사냥이 자행되다. 같은 해, 프란체스코가 이단 혐의를 받지 않고 교황청의 공인하에 수도회를 결성하다.

1212년	소년십자군의 참극.
1218~9년	우트라 사건으로 분노한 칭기즈 칸, 호라즘을 응징하기 위해 군사를 서방으로 돌리다. 훗날 중동과 유럽을 휩쓰는 몽골 서방 원정의 시작.
1218~21년	5차 십자군의 이집트 침공. 살라딘의 후계자인 알 카밀에게 격퇴당하다.
1221년	아시아의 다윗 왕에 대한 소문이 서유럽에 퍼지다. 프레스터 존 전설의 후속편이라고도 말할 수 있는 이 전설에 따르면 기독교 군주 다윗 왕이 무슬림을 무찌르며 서쪽으로 오고 있다는 것이다.
1227년	7~8개 국어에 능통한 시인이자 학자이기도 했던 서방 황제 프리드리히 2세가 십자군을 일으키라는 교황의 명령을 무시하여 파문.
1229년	프리드리히 2세가 평화 외교를 통해 알 카밀로부터 예루살렘을 넘겨받는다. 이때 데려간 병사들이 6차 십자군이지만, 실제로는 전투 대신 대화가 있었을 뿐이다.
1239년	프리드리히 2세, 독일에서 군대를 일으켜 이탈리아의 교황을 공격한다.
1244년	예루살렘은 다시 무슬림의 손에 넘어간다.
1248년	성왕(聖王) 루이의 7차 십자군이 결성되다.

1250년 맘루크(노예 무관)들의 쿠데타. 정권을 장악한 맘루크들은 아이유브 가문의 술탄들보다 더욱 강력한 반서방 노선을 채택한다.

1258년 칭기즈 칸의 손자인 훌라구가 바그다드를 점령한 후 대학살을 저지른다.

1260년 아인 잘루트 전투에서 맘루크들이 몽골 기병대를 저지하다.

1261년 동방 비잔틴 제국의 망명정부가 콘스탄티노플을 수복하다. 라틴 제국(1204~1261)의 멸망. 그러나 과거의 영화를 다시 찾을 수는 없었다.

1268년 술탄 바이바르스가 몽골과 손을 잡았던 안티오키아를 점령한 후 피비린내 나는 복수를 감행한다. 안티오키아 공국(1097~1268)의 멸망.

1270년 성왕 루이의 8차 십자군.

1289년 트리폴리 백작령(1109~1289)의 멸망.

1291년 아크레 수복. 이로써 200년에 걸친 서방의 식민 통치가 종식되다.

5권 작업에 도움을 받은 책

《The Life of Saladin》, Beha ad-Din, Palestine Pilgrims' Text Society, London Committee of the Palestine Exploration Fund : London, 1897.

《살라딘-십자군에 맞선 이슬람의 위대한 술탄》, 스탠리 레인 풀, 이순호 옮김, 정규영 감수, 갈라파고스, 2003.

《술탄 살라딘》, 타리크 알리, 정영목 옮김, 미래인, 2005.

《A History of The Crusades II》, Steven Runciman, Cambridge University Press, 1951.

《아랍인의 눈으로 본 십자군 전쟁》, 아민 말루프, 김미선 옮김, 아침이슬, 2002.

《아랍 詩의 세계》, 김능우, 명지출판사, 2004.

《The Doré Bible Illustrations》, Gustav Doré, Dover, 1974.

《성경의 세계와 지도》, 자코모 페레고, 민남현 옮김, 바오로딸, 2007.

《예루살렘》, 토마스 이디노풀로스, 이동진 옮김, 그린비, 2002.

《성 꾸란 : 의미의 한국어 번역》, 최영길 옮김, 파하드국왕꾸란출판청 편찬, 1997.

《성경과 코란 : 무엇이 같으며 무엇이 다른가》, 요아힘 그닐카, 오희천 옮김, 중심, 2005.

《예언자적 상상력》, 월터 브루그만, 김기철 옮김, 복 있는 사람, 2009.

《성서와 사회정의 : 역사적 좌표》, H. 헨드릭스, 정한교 옮김, 분도출판사, 1984.

《구약성경과 신들 : 고대 근동 신화와 고대 이스라엘의 영성》, 주원준, 한님성서연구소, 2012.

《Symbols of Judaism》, Marc-Alain Ouaknin, translated by Mimi Tompkins, Assouline, 2000.

《Images en terres d'Islam》, Oleg Grabar, Réunion des musées nationaux, 2009.

《Arab Painting》, text by Richard Ettinghausen, Skira, 1962.

《L' Enluminure à l' Époque Gothique : 1200-1420》, Franéois Avril, Bibliotheque de l' Image, 1995.

《The Chronicle of Western Costume : From the Ancient World to the Late Twentieth Century》, John Peacock, Thames & Hudson, 2003.

《Saracen Faris : AD 1050-1250》, David Nicolle, illustrated by Christa Hook, Osprey Publishing, 1994.

《The Moors : The Islamic West 7th-15th Centuries AD》, David Nicolle, illustrated by Angus McBride, Osprey Publishing, 2001.

《Saracen Strongholds : AD 630-1050, The Middle East and Central Asia》, David Nicolle, illustrated by Adam Hook, Osprey Publishing, 2008.

《Byzantium at War : AD 600-1453》, John Haldon, Osprey Publishing, 2002.

《Byzantine Infantryman : Eastern Roman Empire c. 900-1204》, Timothy Dawson, illustrated by Angus McBride, Osprey Publishing, 2007.

《Norman Knight : AD 950-1204》, Christopher Gravett, illustrated by Christa Hook, Osprey Publishing, 1993.

《新版 西洋騎士道事典：人物・傳說・戰鬪・武具・紋章》, グランド オーデン 著, 堀越孝一 監譯, 原書房, 2002.

《Medieval Warfare Source Book : Christian Europe and its Neighbours》, David Nicolle, 1996.

《Romanesque : Architecture・Painting・Sculpture》, Ed. by Rolf Toman, Feierabend Verlag, 2002.

《Costume 1066-1966》, John Peacock, Thames and Hudson, 1966.

《Costume of the Classical World》, Marion Sichel, Chelsea House Publisher, 1980.

《이슬람 : 라이프 인간세계사》, 타임라이프 북스, 1981.

《예언자의 땅 : 이슬람》, 타임라이프 세계사, 고형지 옮김, 가람기획, 2004.

《The Bayeux Tapestry》, David M. Wilson, Thames and Hudson, 1985.

《이슬람 : 교리, 사상, 역사》, 손주영, 일조각, 2005.

《마호메트 평전》, 카렌 암스트롱, 유혜경 옮김, 이희수 감수, 미다스북스, 2002.

《성경과 대비해서 읽는 코란》, 무함마드 아하마드 지아드, 김화숙・박기봉 옮김, 비봉출판사, 2001.

《Le Monde Arabe : Les Encyclopes》, Mohamed Kacimi, Institut du monde arabe, 2007.

《아랍문화의 이해》, 공일주, 대한교과서, 2000.

《우리가 몰랐던 아시아》, 아시아네트워크, 한겨레출판, 2003.
《이슬람문명》, 정수일, 창비, 2002.
《터키사》, 이희수, 대한교과서, 2000
《The Crusades》, Zoé Oldenbourg, translated by Anne Carter, Pantheon Books, 1966.
《십자군전쟁 그것은 신의 뜻이었다!》, W. B. 바틀릿, 서미석 옮김, 한길사, 2004.